PYTHON-ABENTEUER

Ein unterhaltsamer Leitfaden zum Erlernen des Programmierens für Kinder

Inhalt

Willkommen bei Python für Kinder! 5

Warum Python lernen? 6

1.1 Willkommensweltprogramm 9

1.2 Ausführen von Python-Code 9

1.3 Druckartikulationen verstehen 10

Kapitel 2: Variablen und Datentypen 12

2.1 Faktoren und Aufgaben 12

2.2 Numerische Informationstypen 13

2.3 String-Informationstyp 13

Kapitel 3: Grundlegende Operationen 15

3.1 Zahlenjonglage Aktivitäten 15

3.2 String-Aufgaben 15

3.3 Hinweise und Dokumentation 16

Kapitel 4: Kontrollfluss 18

4.1 Restriktive Proklamationen (if, elif, else) 18

4.2 Kreise (für, während) 18

4.3 Unterbrechung und Fortführung von Proklamationen 19

Kapitel 5: Funktionen 22

5.1 Charakterisierung von Fähigkeiten 22

5.2 Grenzen und Konflikte 23

5.3 Werte zurückbringen 23

Kapitel 6: Listen und Tupel 26

6.1 Erstellen von Records und Tupeln 26

6.2 Zu den Komponenten gelangen 26

6.3 Einschraubkontrolle 27

6.4 Unveränderliche Natur von Tupeln 27

Kapitel 7: Wörterbücher 29

7.1 Word-Referenzen erstellen und nutzen 29

7.2 Wortreferenztechniken 30

7.3 Arbeiten mit Schlüsselwertübereinstimmungen 30

Kapitel 8: Eingabe und Ausgabe 33

8.1 Kundeninformationen 33

8.2 Datensatzinformationen und Ergebnis .34

Kapitel 9: Module und Bibliotheken 36

9.1 Einbringen von Modulen 36

9.2 Untersuchen von Python-Bibliotheken .37

Kapitel 10: Einführung in die objektorientierte Programmierung 39

10.1 Klassen und Gegenstände 39

10.2 Merkmale und Techniken 40

10.3 Verkörperung, Vermächtnis und Polymorphismus 40

Kapitel 11: Projekte und Herausforderungen 43

11.1 Einfacher Spielverlauf 43

11.2 Aufbau eines Mini-Computers 44

11.3 Einen Tagesplan erstellen Anwendung 44

Kapitel 12: Debuggen und Fehlerbehebung ..47

12.1 Normale Fehler und Sonderfälle 47

12.2 Untersuchung von Apparaten und Strategien 48

12.3 Möglichkeiten zum Verfassen von Clean Code 48

Kapitel 13: Schlussfolgerung 51

13.1 Die wichtigsten Gedanken im Überblick 51

13.2 Resultierende Phasen beim Python-Lernen 52

13.3 Üben und testen Sie weiter 53

13.4 Bleiben Sie neugierig und lernen Sie weiter 54

Willkommen bei Python für Kinder!

Sind Sie bereit für eine spannende Reise in die Welt der Programmierung? Wenn Sie schon einmal darüber nachgedacht haben, wie Computerspiele erstellt werden oder wie Websites funktionieren, sind Sie hier genau richtig. Python ist eine leistungsstarke und leicht zu erlernende Programmiersprache, die Ihnen dabei helfen kann, Ihren Geist aufzufrischen!

In diesem Leitfaden führen wir Sie Schritt für Schritt durch die Grundlagen der Python-Programmierung. Sie können sich beruhigt zurücklehnen, wenn Sie noch nie zuvor eine einzige Zeile Code geschrieben haben – wir beginnen von vorne und entwickeln Ihre Fähigkeiten kontinuierlich weiter.

Warum Python lernen?

Python ist eine beliebte Programmiersprache, die von Experten in zahlreichen Bereichen verwendet wird, von der Softwareentwicklung bis hin zur Informatik und künstlichen Intelligenz. Aber was macht Python so einzigartig?

Einfach zu lesen: Python-Code ist so konzipiert, dass er leicht zu lesen und zu schreiben ist, was ihn ideal für Anfänger macht.
Anpassbar: Sie können Python verwenden, um alles von einfachen Spielen und Websites bis hin zu

komplexen Anwendungen zu erstellen.

Community-Unterstützung: Python verfügt über eine große und aktive Community von Entwicklern, die immer bereit sind, Ihnen beim Lernen und Lösen von Problemen zu helfen.

Offene Türen für die Zukunft: Das Erlernen von Python eröffnet Ihnen eine Welt voller Möglichkeiten für Ihre zukünftige Karriere. Viele Unternehmen suchen nach Python-Entwicklern, daher könnte die Beherrschung dieser Sprache Ihnen den Weg zu spannenden offenen Stellen ebnen.

Anfang

Bevor wir uns in die Welt des Python-Programmierens vertiefen, stellen wir sicher, dass Sie alles haben, was Sie brauchen, um loszulegen. Im nächsten Abschnitt erklären wir Ihnen, wie Sie Ihre Python-Umgebung am besten einrichten und Ihr unvergesslichstes Programm schreiben.

Fühlen Sie sich gestärkt? Dann bringen wir doch gleich alles ins Rollen!

Kapitel 1: Erste Schritte

Jetzt, da Sie bereit sind, Ihr Python-Abenteuer zu beginnen, sollten wir damit beginnen, Ihre aktuelle Situation einzurichten und Ihr unvergesslichstes Programm zu schreiben!

1.1 Welcome World-Programm

Der Prozess eines jeden Softwareentwicklers beginnt mit einer einfachen Übung: dem „Hi, World!"-Programm. Dieses Programm ist der erste Schritt in die Welt des Programmierens und dient dazu, sicherzustellen, dass alles richtig eingerichtet ist.

1.2 Python-Code ausführen

In diesem Abschnitt zeigen wir Ihnen die gängigsten Methoden zum Ausführen von Python-Code auf Ihrem PC. Unabhängig davon, ob Sie einen Windows-PC, einen Macintosh oder eine Linux-Maschine verwenden, zeigen wir Ihnen, wie Sie Ihre Python-Projekte am besten ausführen und die Ergebnisse sehen.

1.3 Druckartikulationen herausfinden

Eine der wichtigsten Aufgaben beim Schreiben von Computerprogrammen besteht darin, dem Client Informationen anzuzeigen. In Python verwenden wir die print()-Anweisung, um genau das zu tun. Wir werden untersuchen, wie Sie print() verwenden, um Text auf dem Bildschirm anzuzeigen und wie Sie Ihr Ergebnis für mehr Übersichtlichkeit organisieren.

Am Ende dieses Abschnitts haben Sie Ihr bisher bestes Python-Programm geschrieben, ausgeführt und verstanden, wie Sie Daten mithilfe der print()-Anweisung anzeigen. Sie sind auf dem besten Weg, ein Python-Experte zu werden!

Als nächstes sollten wir in das Universum der Faktoren und Informationstypen eintauchen.

Dieser Teil macht Anfänger mit den Grundlagen des Schreibens und Ausführens von Python-Code vertraut. Er betont das interaktive Lernen mit dem Programm „Hi, World!" und bereitet auf das Verständnis wichtiger Konzepte wie Druckanweisungen vor.

Kapitel 2: Variablen und Datentypen

Nachdem Sie nun Ihr denkwürdigstes Python-Programm geschrieben und verstanden haben, wie Daten mithilfe der print()-Anweisung angezeigt werden, sollten wir tiefer in die Welt der Faktoren und Datentypen eintauchen.

2.1 Faktoren und Aufgaben

In Python werden Faktoren verwendet, um Informationen zu speichern, auf die im gesamten Programm zugegriffen und die gesteuert werden können. Wir lernen, wie man Faktoren erstellt, ihnen Werte zuweist und die

Prinzipien zur Benennung von Faktoren versteht.

2.2 Numerische Informationstypen

Python unterstützt mehrere numerische Datentypen, darunter ganze Zahlen, Gleitkommazahlen und komplexe Zahlen. Wir werden jeden dieser Datentypen untersuchen und herausfinden, wie man mit ihnen Zahlenjonglieraufgaben durchführt.

2.3 String-Informationstyp

In Python werden Zeichenfolgen zum Adressieren von Text verwendet. Wir lernen, wie man Zeichenfolgen erstellt, verknüpft und verschiedene Aktionen wie

Ausschneiden und Ordnen ausführt, um sie zu steuern.

Gegen Ende dieses Abschnitts verfügen Sie über ein solides Verständnis von Faktoren und den verschiedenen in Python verfügbaren Datentypen. Sie haben die Möglichkeit, Faktoren zum Speichern verschiedener Datentypen zu erstellen und zu verwalten, was den Weg für komplexere Programmieraufgaben ebnet.

Dann sollten wir untersuchen, wie wichtige Aufgaben in Python ausgeführt werden.

In diesem Teil werden die wichtigsten Konzepte zu Faktoren und Informationstypen in Python vorgestellt, damit die Studierenden verstehen, wie sie in ihren Projekten verschiedene Datentypen speichern und steuern können.

Kapitel 3: Grundlegende Operationen

Nachdem Sie nun über Faktoren und Informationstypen Bescheid wussten, können wir mit der Ausführung grundlegender Aufgaben in Python beginnen.

3.1 Aktivitäten zum Zahlenjonglieren

Mit Python können Sie verschiedene Rechenaufgaben wie Addition, Deduktion, Duplikation und Division ausführen. Wir werden untersuchen, wie Sie diese Administratoren nutzen können, um Berechnungen durchzuführen und numerische Daten zu verwalten.

3.2 String-Aufgaben

Strings dienen nicht nur zum Speichern von Text; sie können auch mithilfe verschiedener Aktionen gesteuert werden. Wir lernen, wie man Strings verknüpft, ihre Länge ermittelt und andere normale String-Aufgaben ausführt.

3.3 Hinweise und Dokumentation

Anmerkungen sind von grundlegender Bedeutung, damit Ihr Code für andere (und Sie selbst!) verständlich ist. Wir werden darüber sprechen, wie Sie Anmerkungen zu Ihrem Code hinzufügen, um zu verstehen, was er tut und warum. Außerdem werden wir untersuchen, wie Sie Dokumentationszeichenfolgen

(Docstrings) erstellen, um Ihre Funktionen und Module zu dokumentieren.

Gegen Ende dieses Abschnitts haben Sie die Möglichkeit, Zahlenjonglage- und Zeichenfolgenaufgaben in Python durchzuführen sowie Kommentare und Dokumentation zu Ihrem Code hinzuzufügen, um ihn verständlicher und effektiver zu gestalten.

Dann sollten wir untersuchen, wie Sie den Fortschritt Ihrer Python-Programme mit einschränkenden Erklärungen und Kreisen steuern können.

In diesem Abschnitt werden die Studierenden mit den Grundlagen der Durchführung von Aktivitäten in Python vertraut gemacht. Dabei werden sowohl mathematische als auch Zeichenfolgenaufgaben behandelt. Außerdem wird ihnen gezeigt, wie wichtig es ist, ihrem Code Anmerkungen und Dokumentationen hinzuzufügen, um ihn verständlicher und umsetzbar zu machen.

Kapitel 4: Kontrollfluss

In diesem Teil untersuchen wir, wie Sie den Fortschritt Ihrer Python-Programme mithilfe restriktiver Ausdrücke und Kreise steuern können.

4.1 Restriktive Proklamationen (if, elif, else)

Restriktive Anweisungen ermöglichen es Ihrem Programm, Entscheidungen auf der Grundlage bestimmter Bedingungen zu treffen. Wir werden lernen, wie man die Anweisungen if, elif (else if) und else verwendet, um verschiedene Codeblöcke auszuführen, je nachdem, ob bestimmte Bedingungen erfüllt sind.

4.2 Kreise (für, während)

Kreise werden verwendet, um einen Codeblock mehrmals zu wiederholen. Python unterstützt zwei grundlegende Arten von Kreisen: For-Kreise und Continue-Kreise. Wir werden untersuchen, wie man diese Kreise verwendet, um Datengruppen zu wiederholen oder Aufgaben auszuführen, bis eine bestimmte Bedingung erfüllt ist.

4.3 Unterbrechung und Fortführung von Proklamationen

Manchmal möchten Sie die Anweisung „Kreise" ändern. Mit der Anweisung „Break" können Sie einen Kreis vorschnell verlassen, während Sie mit der Anweisung

„Fortfahren" den Rest des aktuellen Fokus überspringen und mit dem nächsten fortfahren können. Wir werden lernen, wie Sie diese Anweisungen verwenden können, um die Anweisung „Kreise" genauer zu steuern.

Am Ende dieses Abschnitts haben Sie ein solides Verständnis dafür, wie Sie mithilfe von Steuerelementen und Zyklen den Fortschritt Ihrer Python-Programme steuern können. Sie können Optionen auf der Grundlage von Bedingungen auswählen und Aufgaben mithilfe von Zyklen effizient wiederholen.

Dann tauchen wir doch einfach ein in die Welt der Fähigkeiten und der isolierten Programmierung.

Dieser Abschnitt macht die Studierenden mit dem Konzept des Kontrollflusses in Python vertraut und behandelt restriktive Anweisungen wie if, elif und else sowie Kreise wie for und not that. Außerdem wird untersucht, wie die Funktionsweise von Kreisen mit break- und continue-Anweisungen für eine genauere Steuerung geändert werden kann.

Kapitel 5: Funktionen

Funktionen sind grundlegende Strukturbausteine in der Programmierung, die es Ihnen ermöglichen, komplexe Aufgaben in kleinere, sinnvollere Teile aufzuteilen. In diesem Abschnitt untersuchen wir, wie man Funktionen in Python definiert und einbindet.

5.1 Charakterisierung von Fähigkeiten

Eine Fähigkeit ist ein Block wiederverwendbaren Codes, der eine bestimmte Aufgabe ausführt. Wir werden lernen, Fähigkeiten in Python mithilfe des Def-Schlagworts zu definieren und sie richtig zu strukturieren.

5.2 Grenzen und Konflikte

Fähigkeiten können Eingabewerte akzeptieren, die als Grenzen bezeichnet werden, wodurch Sie ihr Verhalten ändern können. Wir werden untersuchen, wie man Fähigkeiten mit Grenzen definiert und wie man ihnen beim Aufrufen der Fähigkeit Konflikte übergibt.

5.3 Werte zurückbringen

Funktionen können auch sogenannte Rückgabewerte erzeugen, die es ihnen ermöglichen, Informationen an den Code zurückzugeben, der sie aufgerufen hat. Wir werden lernen, wie man die Rückgabeanweisung verwendet, um Werte von Funktionen zurückzugeben, und wie man diese Eigenschaften für die weitere Verarbeitung abfängt.

Am Ende dieses Abschnitts erfahren Sie, wie Sie Ihre eigenen Funktionen in Python definieren, mithilfe von Grenzen und Konflikten Daten an sie weitergeben und mithilfe von Rückgabewerten Ergebnisse wiederherstellen. Funktionen sind wichtige Ressourcen, die Ihnen dabei helfen können, Ihren Code effizient zu organisieren und wiederzuverwenden.

Dann sollten wir untersuchen, wie man unter Verwendung von Datensätzen und Tupeln mit Datenmengen arbeitet.

In diesem Abschnitt wird das Konzept von Fähigkeiten in Python vorgestellt. Dabei wird erläutert, wie Fähigkeiten charakterisiert werden, mit Grenzen und Konflikten gearbeitet wird und wie Werte aus Fähigkeiten zurückgegeben werden. Fähigkeiten sind von grundlegender Bedeutung, um Code zu sortieren und ihn besser kalkulierbar und wiederverwendbar zu machen.

Kapitel 6: Listen und Tupel

In Python sind Datensätze und Tupel zwei Arten von Informationsstrukturen, die zum Speichern von Sammlungen von Dingen verwendet werden. In diesem Teil untersuchen wir, wie man mit Datensätzen und Tupeln arbeitet, einschließlich ihrer Erstellung, des Zugriffs auf ihre Komponenten und der Durchführung verschiedener Verfahren mit ihnen.

6.1 Erstellen von Datensätzen und Tupeln

Wir beginnen damit, herauszufinden, wie Datensätze und Tupel in Python erstellt werden, einschließlich verschiedener Möglichkeiten, sie mit Komponenten zu implementieren.

6.2 Zugang zu den Komponenten

Wenn wir Datensätze und Tupel haben, untersuchen wir, wie wir durch Sortieren und Schneiden an die einzelnen Komponenten darin gelangen.

6.3 Einschraubkontrolle

Datensätze sind variabel, d. h. Sie können ihre Komponenten nach der Erstellung ändern. Wir lernen, wie Sie Komponenten in einer Liste hinzufügen, entfernen und ändern und wie Sie andere normale Listenaufgaben ausführen.

6.4 Unveränderliche Natur von Tupeln

Tupel hingegen sind permanent, das heißt, ihre Komponenten können nicht geändert werden, wenn sie erstellt werden. Wir werden untersuchen, wie man mit Tupeln arbeitet und warum sie in bestimmten Situationen nützlich sind.

Gegen Ende dieses Abschnitts verfügen Sie über ein solides Verständnis für die Arbeit mit Datensätzen und Tupeln in Python, sodass Sie Datenmengen erfolgreich speichern und verwalten können.

Dann sollten wir uns mit Wortreferenzen befassen und herausfinden, wie mit

Schlüsselwertübereinstimmungen gearbeitet wird.

In diesem Teil lernen die Studierenden zwei wichtige Informationsstrukturen in Python kennen: Datensätze und Tupel. Es wird behandelt, wie man Elemente in Datensätzen erstellt, darauf zugreift und sie steuert, sowie das unveränderliche Konzept von Tupeln. Das Verständnis dieser Informationsstrukturen ist entscheidend für den erfolgreichen Umgang mit Informationsmengen in Python.

Kapitel 7: Wörterbücher

In Python sind Wortreferenzen starke Datenstrukturen, die zum Speichern von Sammlungen von Schlüsselwertübereinstimmungen verwendet werden. In diesem Abschnitt untersuchen wir, wie man mit Wortreferenzen arbeitet, einschließlich ihrer Erstellung, des Zugriffs auf ihre Komponenten und der Durchführung verschiedener Verfahren mit ihnen.

7.1 Word-Referenzen erstellen und nutzen

Wir beginnen damit, herauszufinden, wie man Wortreferenzen in Python erstellt, einschließlich verschiedener Möglichkeiten, sie mit

Schlüsselwertübereinstimmungen zu versehen. Wir werden auch untersuchen, wie man auf die Elemente einer Wortreferenz zugreift und sie steuert.

7.2 Wortreferenztechniken

Python-Wortreferenzen werden von verschiedenen impliziten Techniken begleitet, die es Ihnen ermöglichen, normale Aktivitäten effektiv auszuführen. Wir werden herausfinden, wie man Techniken wie keys(), values() und things() nutzt, um erfolgreich mit Wortreferenzen zu arbeiten.

7.3 Arbeiten mit Schlüsselwertübereinstimmungen

Wortreferenzen sind besonders hilfreich bei der Arbeit mit Informationen, die eine charakteristische Schlüsselwertstruktur aufweisen. Wir untersuchen, wie man Schlüsselwertübereinstimmungen hinzufügt und entfernt und wie man Werte aktualisiert, die mit vorhandenen Schlüsseln verknüpft sind.

Gegen Ende dieses Abschnitts verfügen Sie über ein solides Verständnis für die Arbeit mit Wortreferenzen in Python, sodass Sie Schlüsselwertkoordinaten tatsächlich speichern und verwalten können.

Dann untersuchen wir doch mal, wie man mit Daten umgeht und daraus Python-Programme erstellt.

In diesem Abschnitt werden die Schüler mit Wortreferenzen vertraut gemacht, einem wichtigen Datenformat in Python, das zum Speichern von Übereinstimmungen mit Schlüsselwerten verwendet wird. Es wird erläutert, wie man Wortreferenzen erstellt und verwaltet und wie man integrierte Techniken verwendet, um effizient mit ihnen zu arbeiten. Das Verständnis von Wortreferenzen ist für die Verwaltung strukturierter Daten in Python selbst von entscheidender Bedeutung.

Kapitel 8: Eingabe und Ausgabe

In diesem Abschnitt untersuchen wir, wie man mit Daten und Ergebnissen (E/A) in Python-Programmen umgeht. Input ermöglicht es Clients, Ihrem Programm Daten zu übermitteln, während Yield es Ihrem Programm ermöglicht, dem Client Daten anzuzeigen.

8.1 Kundeninformationen

Wir beginnen damit, herauszufinden, wie man den Client mithilfe der Funktion info() zur Eingabe anregt. Sie erfahren, wie Sie Clientinformationen erfassen und in Faktoren zur weiteren Verarbeitung speichern.

8.2 Datensatzinformationen und Ergebnis

Mit Python können Sie außerdem Dateien auf Ihrem PC lesen und in sie schreiben. Wir werden untersuchen, wie man Dateien öffnet, Daten aus ihnen liest, Daten in sie schreibt und sie ordnungsgemäß schließt, wenn wir fertig sind.

Am Ende dieses Abschnitts verfügen Sie über ein solides Verständnis für die Verarbeitung von Daten und deren Ausgabe in Python-Programmen. So sind Sie in der Lage, mit Benutzern zusammenzuarbeiten und

Datensätze effizient zu lesen bzw. in sie zu schreiben.

Dann sollten wir untersuchen, wie Module und Bibliotheken genutzt werden können, um den Nutzen von Python zu erweitern.

In diesem Abschnitt werden die Studierenden mit Info- und Ergebnisaufgaben in Python vertraut gemacht. Dabei wird erläutert, wie man mithilfe der Funktion info() Benutzereingaben erfasst und wie man Datensätze liest und in sie schreibt. Das Verständnis von Info und Ergebnis ist für die Erstellung intuitiver und datengesteuerter Anwendungen in Python von grundlegender Bedeutung.

Kapitel 9: Module und Bibliotheken

In Python sind Module und Bibliotheken wiederverwendbare Codeteile, die den Nutzen der Sprache erweitern. In diesem Abschnitt untersuchen wir, wie Sie Module und Bibliotheken nutzen können, um Ihre Python-Programme zu verbessern.

9.1 Einbringen von Modulen

Python wird mit einer Standardbibliothek geliefert, die eine enorme Auswahl an Modulen zur Ausführung verschiedener Aufgaben enthält. Wir werden lernen, wie Sie Module mithilfe der Import-Anweisung in Ihre Python-Programme importieren und wie

Sie auf die in diesen Modulen definierten Funktionen und Elemente zugreifen.

9.2 Untersuchen von Python-Bibliotheken

Wir werden einige häufig verwendete Python-Bibliotheken untersuchen, beispielsweise math für mathematische Aufgaben, arbitrary zum Erstellen von Zufallszahlen und datetime zum Arbeiten mit Datum und Uhrzeit. Sie werden lernen, wie Sie diese Bibliotheken verwenden, um bestimmte Aufgaben in Ihren Projekten auszuführen.

Gegen Ende dieses Abschnitts erfahren Sie, wie Sie mithilfe von Modulen und Bibliotheken die

Funktionalität Ihrer Python-Programme erweitern und mit weniger Code mehr erreichen können.

Dann tauchen wir doch in die Welt der objektorientierten Programmierung (OOP) ein und lernen, wie man Klassen und Artikel in Python erstellt.

In diesem Abschnitt werden die Studierenden mit Modulen und Bibliotheken in Python vertraut gemacht. Dabei wird erläutert, wie Module importiert und häufig verwendete Bibliotheken untersucht werden. Das Verständnis von Modulen und Bibliotheken ist für die Verwendung von vorhandenem Code und Funktionalität von grundlegender Bedeutung, um noch leistungsfähigere und produktivere Python-Programme zu erstellen.

Kapitel 10: Einführung in die objektorientierte Programmierung

Objektorientierte Programmierung (OOP) ist eine robuste Programmierweltanschauung, die es Ihnen ermöglicht, echte Elemente als Objekte mit Eigenschaften und Verhaltensweisen darzustellen. In diesem Abschnitt werden wir die Grundlagen der objektorientierten Programmierung in Python untersuchen.

10.1 Klassen und Gegenstände

Wir beginnen mit dem Erlernen von Klassen und Objekten, den wichtigsten Bausteinen artikelorientierter Software. Sie lernen, wie Sie Klassen definieren, um Ihre eigenen benutzerdefinierten Datentypen zu erstellen , und wie Sie aus diesen Klassen Objekte erstellen.

10.2 Eigenschaften und Techniken

Objekte haben Credits, die Informationen und Verhaltensweisen speichern, die ihr Verhalten charakterisieren. Wir werden untersuchen, wie man Eigenschaften und Verhaltensweisen innerhalb einer Klasse charakterisiert und wie man mithilfe von Objektereignissen auf sie zugreift.

10.3 Verkörperung, Vermächtnis und Polymorphismus

Wir werden uns auch mit modernen OOP-Konzepten wie Instanziierung, Legacy und Polymorphismus befassen. Instanziierung ermöglicht es Ihnen, die internen Ausführungsdetails einer Klasse zu verbergen, Legacy ermöglicht es Ihnen, neue Klassen auf der Grundlage vorhandener zu erstellen, und Polymorphismus ermöglicht es, Objekte verschiedener Klassen als Objekte einer gemeinsamen Superklasse zu behandeln.

Am Ende dieses Abschnitts verfügen Sie über ein solides Verständnis der Prinzipien der produktbasierten Programmierung und wissen, wie Sie diese nutzen können, um spezifischeren, effektiveren und flexibleren Python-Code zu schreiben.

Anschließend sollten wir unser Wissen auf einige echte Aufgaben und Schwierigkeiten anwenden.

Dieser Abschnitt macht die Studierenden mit den Prinzipien der objektorientierten Programmierung (OOP) in Python vertraut und behandelt Klassen, Objekte, Attribute, Techniken, Indizes, Vermächtnisse und Polymorphismus. Das Verständnis von OOP ist für die Entwicklung komplexer und flexibler Python-Anwendungen von grundlegender Bedeutung.

Kapitel 11: Projekte und Herausforderungen

In diesem Abschnitt wenden wir das, was wir bisher gelernt haben, auf echte Aufgaben und Herausforderungen an. Diese Aufgaben ermöglichen es Ihnen, Ihre Python-Kenntnisse zu üben und festzulegen, wie Sie die behandelten Konzepte interpretieren würden.

11.1 Einfacher Spielverlauf

Wir beginnen mit einem einfachen Spielentwicklungsprojekt, beispielsweise der Entwicklung eines textbasierten Abenteuerspiels oder eines Ratespiels. Sie nutzen Ihr

Wissen über Faktoren, Bedingungen, Kreise, Fähigkeiten und vielleicht objektbasierte Software, um ein lustiges und interaktives Spiel zu entwickeln.

11.2 Aufbau eines Mini-Computers

Dann werden wir uns einer praktischen Aufgabe widmen: dem Erstellen eines Rechenprogramms. Sie werden ein Programm erstellen, das grundlegende Rechenaufgaben wie Addition, Subtraktion, Multiplikation und Division ausführen kann. Diese Aufgabe wird Ihnen dabei helfen, zu entwickeln, wie Sie Rechenoperationen interpretieren und den Ablauf steuern können.

11.3 Einen Tagesplan erstellen
Anwendung

Schließlich werden wir uns einer anspruchsvolleren Aufgabe widmen: der Erstellung eines Plans für die Tagesanwendung. Sie werden ein Programm entwerfen, mit dem Benutzer Aufgaben in einem Tagesplan hinzufügen, entfernen und verwalten können. Diese Aufgabe wird Sie dazu anregen, Ihr Wissen über Informationsstrukturen, Datei-E/A und möglicherweise objektorientierte Software zu nutzen.

Gegen Ende dieses Abschnitts haben Sie einige anspruchsvolle Projekte abgeschlossen, die Ihre Fähigkeiten in der Python-Programmierung unter Beweis stellen. Sie haben außerdem umfangreiche Erfahrung im kritischen Denken und in der Projektentwicklung gesammelt.

Anschließend sollten wir uns einige allgemeine Methoden und Techniken zur Fehlerbehebung ansehen, um einwandfreien und funktionsfähigen Code zu schreiben.

In diesem Abschnitt erhalten die Schüler aktive Aufgaben und Herausforderungen, um ihre Python-Kenntnisse anzuwenden und zu lernen, wie sie die in den vorherigen Abschnitten enthaltenen Konzepte interpretieren können. Das Abschließen dieser Aufgaben hilft den Schülern dabei, Vertrauen in ihre Programmierfähigkeiten aufzubauen und sie auf ernsthafte Programmieraufgaben vorzubereiten.

Kapitel 12: Debuggen und Fehlerbehebung

In diesem Teil untersuchen wir normale Untersuchungsverfahren und -techniken zur Untersuchung von Problemen im Python-Code. Die Fehlerbehebung ist eine grundlegende Fähigkeit für jeden Entwickler, da Sie damit Fehler in Ihrem Code effektiv erkennen und beheben können.

12.1 Normale Fehler und Sonderfälle

Wir beginnen mit der Untersuchung einiger häufiger Fehler und Ausnahmen, die Ihnen beim Schreiben von Python-Code wahrscheinlich begegnen werden. Wenn Sie die Arten von Fehlern und ihre Ursachen verstehen, können Sie die Fehler genauer analysieren und bestimmen.

12.2 Untersuchung von Apparaten und Strategien

Anschließend untersuchen wir verschiedene in Python verfügbare Tools und Verfahren zur Fehlerbehebung, z. B. das Drucken von Erklärungen zur Analyse, die Verwendung des impliziten Debuggers (PDB) von Python und die Verwendung integrierter Verbesserungsbedingungen (IDEs) mit Analysefunktionen.

12.3 Möglichkeiten zum Verfassen von Clean Code

Abschließend besprechen wir einige Tipps und bewährte Methoden zum Schreiben von sauberem, verständlichem und effektivem Code. Das Schreiben von sauberem Code erleichtert nicht nur die Analyse und Untersuchung, sondern fördert auch die Zusammenarbeit und die Wiederverwendung von Code.

Am Ende dieses Abschnitts haben Sie ein solides Verständnis dafür, wie Sie Probleme in Ihrem Python-Code effektiv analysieren und analysieren können. Sie haben außerdem einige wichtige Techniken zum Schreiben von einwandfreiem und effektivem Code gelernt, die Ihren Programmierprozess reibungsloser und angenehmer machen.

Anschließend sollten wir unseren Leitfaden „Python für Jugendliche" mit einer Übersicht über die wichtigsten Konzepte und einigen Anregungen zum weiteren Lernen abschließen.

In diesem Abschnitt werden den Schülern grundlegende Fähigkeiten zum Analysieren und Untersuchen von Python-Code vermittelt. Dabei werden häufige Fehler, Tools und Techniken zur Fehlerbehebung sowie Methoden zum Schreiben von sauberem Code behandelt. Die Fehlerbehebung ist ein wesentlicher Bestandteil des Programmiersystems. Wenn Sie diese Fähigkeiten beherrschen, werden Sie zu einem sichereren und kompetenteren Entwickler.

Kapitel 13: Fazit

Herzlichen Glückwunsch zum Abschluss des Python-Leitfadens für Jugendliche! Sie haben eine großartige Reise in die Welt der Programmierung unternommen und wichtige Fähigkeiten gemeistert, die Ihnen in Zukunft von großem Nutzen sein werden. Wir sollten kurz innehalten, um einen Überblick über Ihre Leistungen zu geben und uns einige weitere Schritte zum weiteren Lernen anzusehen.

13.1 Überblick über die wichtigsten Gedanken

Während dieses Kurses haben Sie die Grundlagen der Python-Programmierung gelernt, darunter

Faktoren, Datentypen, Steuerungsfluss, Funktionen, objektorientierte Programmierung und mehr . Sie haben außerdem an dynamischen Übungen und Herausforderungen gearbeitet, um Ihre Fähigkeiten in realistischen Situationen anzuwenden.

13.2 Resultierende Phasen beim Python-Lernen

Da Sie über große Stärken in der Python-Programmierung verfügen, stehen Ihnen viele Möglichkeiten für zusätzliches Lernen und Lernen offen. Denken Sie darüber nach, zusätzlich entwickelte Themen zu erforschen, zum Beispiel:

Unbestreitbare Datentarife und Berechnungen

Web-Optimierung mit Frameworks wie Django oder Flask
Datenwissenschaft und simulierte Intelligenz
Spielverbesserung mit Bibliotheken wie Pygame
Computerisierung und Einrichtung für Aufgaben wie Web Scratching oder Datenverarbeitung

13.3 Üben und testen Sie weiter

Denken Sie daran, dass der beste Weg, Python (oder eine andere Programmiersprache) zu beherrschen, das Üben und Experimentieren ist. Arbeiten Sie weiter an Projekten, gehen Sie Probleme an und studieren Sie wichtige Überlegungen. Machen Sie ruhig Fehler – so lernen und entwickeln Sie sich als Programmierer.

13.4 Bleiben Sie neugierig und lernen Sie weiter

Und schließlich: Bleiben Sie neugierig und lernen Sie weiter. Die Welt der Entwicklung entwickelt sich ständig weiter und es gibt immer etwas wirklich Neues zu entdecken. Egal, ob Sie sich für das Erstellen von Websites, das Untersuchen von Daten, das Erstellen von Spielen oder etwas ganz anderes begeistern, es gibt eine Fülle von Ressourcen, die Sie auf Ihrer Reise unterstützen.

Vielen Dank, dass Sie uns bei diesem Python-Erlebnis unterstützt haben! Wir müssen wirklich akzeptieren, dass Sie weiterhin das schockierende Universum des

Programmierens untersuchen und daran teilnehmen. Viel Glück und ekstatisches Programmieren!

Dieser letzte Teil schließt den Python-Leitfaden für Jugendliche ab, indem er wichtige Gedanken analysiert, nachfolgende Schritte für zusätzliches Lernen vorschlägt und die Schüler dazu anregt, weiter zu arbeiten, zu testen und neugierig zu bleiben. Ein Update zum Schreiben von PC-Programmen ist eine Reise der ständigen Weiterentwicklung und Entdeckung.

www.ingramcontent.com/pod-product-compliance
Lightning Source LLC
Chambersburg PA
CBHW071217240526
45470CB00018B/2060